ORAISON FUNÈBRE

DE

L'ABBÉ ALEXIS FERRAN

CHANOINE HONORAIRE DE BORDEAUX

CURÉ DE CAPTIEUX

PRONONCÉE LE JOUR DES FUNÉRAILLES

(28 Avril 1887)

DANS L'ÉGLISE DE CAPTIEUX

ORAISON FUNÈBRE

DE

L'ABBÉ ALEXIS FERRAN

CHANOINE HONORAIRE DE BORDEAUX
CURÉ DE CAPTIEUX

PRONONCÉE LE JOUR DES FUNÉRAILLES (28 AVRIL 1887)
DANS L'ÉGLISE DE CAPTIEUX

PAR

M. L'ABBÉ F. LAPRIE

Chanoine honoraire de Bordeaux et de Carcassonne,
Professeur honoraire de la Faculté de Théologie.

EN VENTE :
A L'ŒUVRE DES BONS-LIVRES, 11, RUE CANIHAC
Et chez les principaux Libraires de Bordeaux
1887

ORAISON FUNÈBRE

DE

L'ABBÉ ALEXIS FERRAN

CHANOINE HONORAIRE DE BORDEAUX

CURÉ DE CAPTIEUX

PRONONCÉE LE JOUR DES FUNÉRAILLES

(28 Avril 1887)

DANS L'ÉGLISE DE CAPTIEUX

Ulula abies, quia cecidit cedrus.

Faites entendre de profonds gémissements, pins de nos forêts, car le cèdre est tombé.

(Zach., XI, 2.)

Ainsi donc c'en est fait, mes très chers Frères, et notre deuil n'a plus qu'à se résigner à la volonté souveraine de Celui qui dispose de la vie et de la mort!

Oui, après une carrière de quatre-vingt-dix ans, il nous a quittés pour une patrie meilleure, le pasteur de vos âmes, le patriarche de nos landes bazadaises, notre excellent, notre vénéré, notre bien-aimé curé de Captieux. C'est le Très-Haut qui l'a ainsi voulu; que la volonté du Très-Haut soit faite! Et vous, pins de nos forêts, gémissez, lamentez-vous, car l'antique cèdre, qui étendait sur toute la contrée son ombre protectrice, a fini par tomber; *Ulula abies, quia cecidit cedrus.*

En perdant le curé de Captieux, c'est son principal ornement que notre contrée a perdu. Dans cette perte, où chacun de mes auditeurs a sa part, que n'ai-je pas perdu moi-même ! Si l'émotion me gagne, si les larmes obscurcissent mes yeux, ne vous en étonnez point. Dès ma première enfance, je connus et j'aimai le très bon prêtre qui est aujourd'hui l'objet de cette lugubre pompe. Il daignait me regarder comme son fils dans le Seigneur ; et telle est sans doute la considération qui m'a valu l'honneur d'être appelé à monter dans cette chaire, pour payer à celui que nous pleurons l'hommage du regret de tous.

J'essaierai de surmonter ma douleur, pour m'acquitter de cette tâche. Puissé-je du moins, en vous parlant de notre regretté défunt, rencontrer un langage qui ne s'éloigne pas trop du ton général d'une vie où tout fut simple comme une page de l'Évangile, pacifique, limpide et sans miroitements, comme les humbles cours d'eau de nos vertes forêts, aujourd'hui gémissantes et éplorées, parce qu'elles ont perdu celui qui en était la gloire. *Quia cecidit cedrus !!!*

C'est en 1826 que l'abbé Alexis Ferran fit son arrivée sur ce sol de Captieux où devait s'écouler tout le reste de son existence. Or, quels intimes souvenirs de son passé, ce jeune prêtre apportait-il alors avec lui dans le secret de son âme ? — Quels souvenirs publics laisse-t-il, en mourant, dans la paroisse qu'il administra, à deux titres successifs ? — Quel souvenir universel, enfin, sa vie lègue-t-elle au diocèse de Bordeaux tout entier ? Ces trois questions me fourniront la matière de l'hommage funèbre que ma reconnaissance filiale est heureuse de consacrer à la douce mémoire de l'abbé Alexis Ferran, curé de Captieux.

I

L'abbé Alexis Ferran était âgé de vingt-huit ans, lorsque Captieux le vit arriver dans notre pays de sable, de bruyères et de pins. Or, ces vingt-huit premières années avaient déposé dans son âme des souvenirs dont il garda le culte jusqu'à la fin de ses jours.

C'était d'abord les souvenirs du foyer paternel. Avec quel tendre respect ne parlait-il pas des auteurs de ses jours! respect bien justifié, car elle était de vieille souche chrétienne, la famille dont la naissance d'Alexis Ferran vint combler les vœux, le 17 septembre 1797.

L'attachement traditionnel des Ferran au trône et à l'autel n'était un secret pour personne, dans le quartier qu'ils habitaient, à Bordeaux, au pied de la tour de Saint-Michel. Tout le quartier en avait connaissance; et cela, à une époque où cette note suffisait pour recommander à l'échafaud ceux qui en étaient marqués. En ce temps-là, le jargon des passions révolutionnaires, toujours excessif et toujours sonnant faux, avait partagé le peuple français en *patriotes* et en *aristocrates*. Or, les Ferran étaient notoirement des aristocrates. Plusieurs prêtres de leur sang et de leur nom avaient figuré sur les listes de proscription, dressées par les tyrans qui opprimaient la France de saint Louis.

La persécution sévissait encore, quoique fatiguée, lorsque vint au monde celui dont nous célébrons en ce moment les funérailles. En conséquence, le nouveau-né ne put être baptisé que clandestinement, et par un prêtre proscrit, par un prêtre réduit à déguiser son caractère sacré sous des apparences tout autres.

Depuis la sanglante inauguration du règne de la Terreur, les faubourgs du vieux Bordeaux avaient pu remarquer un marchand ambulant, dont l'accent exotique dénotait quelque enfant de l'Auvergne, chassé sans doute de son pays, comme tant d'autres de ses pauvres compatriotes, par le besoin de gagner sa vie. Quant à lui, il faisait profession de la gagner en colportant de rue en rue un chétif bazar, composé d'articles vulgaires, parmi lesquels les mouchoirs formaient la spécialité la plus en vue et la plus productive.

Quel œil profane aurait deviné que, sous la livrée d'un si obscur métier, se cachait un ambassadeur du Roi des Cieux, un digne ministre de Jésus-Christ, un apôtre qui n'avait adapté à son sacerdoce cette profession de trafiquant nomade que pour travailler, dans l'ombre, à l'œuvre divine de la rédemption des âmes? Qui aurait soupçonné que, sous prétexte de tenter le choix de la clientèle par le déballage de sa frivole pacotille, ce colporteur pénétrait dans l'intérieur des maisons pour y exercer les sublimes fonctions de notre royal sacerdoce? qu'il y entrait pour engendrer à *la vie éternelle de Dieu en Jésus-Christ* quelque enfant au berceau; pour entendre les aveux de quelque pécheur repentant, et récompenser ces aveux et ce repentir par une miséricordieuse absolution; pour bénir au nom de Dieu les mutuels serments de quelque jeune couple; pour administrer à quelque mourant le secours des suprêmes onctions, et déposer sur ses lèvres expirantes l'adorable viatique du dernier et terrible passage?

Telle était cependant la vérité; et ce fut ce contrebandier d'un nouveau genre, ce contrebandier des importations célestes (1), qui fut appelé à baptiser le futur curé de Captieux.

Le baptême eut lieu non dans la maison du berceau, mais dans une maison étrangère. Quand l'âge le permit, on eut soin de la faire connaître au néophyte. Cette maison lui devint chère. « Je

(1) Il se nommait M. Bouchard.

m'arrange de manière à la revoir toutes les fois que je fais le voyage de Bordeaux, disait l'abbé Ferran sur ses vieux jours. C'est pour moi une douce jouissance de saluer ces murailles à l'ombre desquelles j'ai été fait enfant de Dieu, par la grâce de la régénération. »

Le premier âge d'Alexis Ferran avait été bercé par de pieuses leçons, qui disposèrent son âme à recevoir tous les germes de bien que l'avenir voudrait y ensemencer.

Entre autres bonnes choses, ses parents lui apprirent dès lors à vénérer les prêtres dignes de ce nom. « Tout petit que j'étais, nous a-t-il dit bien souvent, on me menait à la messe, non point là où la célébraient les prêtres assermentés, qui, lâchement, avaient préféré obéir aux hommes plutôt qu'à Dieu, et à l'État plutôt qu'à l'Église, mais bien là où se tenaient cachés des prêtres qui, pour ne pas forfaire à l'honneur de leur sacerdoce, avaient tout sacrifié et bravé la guillotine elle-même. Je vois encore ces prêtres, ajoutait l'aimable conteur, je vois aussi les demeures, les chambres retirées, les catacombes où je venais entendre la messe. »

Avec les souvenirs d'un foyer paternel tendrement aimé, l'abbé Alexis Ferran apportait également ici, en 1826, d'autres souvenirs non moins précieux qui le rattachaient à sa paroisse natale.

Alexis Ferran, je crois l'avoir déjà insinué, était, par droit de naissance, enfant de Saint-Michel de Bordeaux. Il en remerciait Dieu comme d'une faveur privilégiée; et ce n'est pas sans raison qu'il l'estimait ainsi.

Sans doute, comme toutes les autres paroisses de Bordeaux, celle de Saint-Michel avait connu le scandale des orgies de la Révolution. Ce scandale s'était même sacrilègement étalé jusque sous les voûtes de sa vieille basilique. La chaire de cette basilique avait servi de tribune aux séides de l'affreux tyran qui, sous le nom de Lacombe, faisait alors trembler la Guienne, et la tenait terrorisée sous sa dictature infâme. La statue de l'Archange qui en décore le faîte avait été, à l'aide d'un bonnet phrygien, transformée par ces énergumènes en symbole de la République. La République ainsi coiffée tenait sous ses pieds Lucifer affublé d'un diadème dérisoire, et devenu, grâce à cet appendice improvisé, le symbole de la Royauté déchue et honnie.

Maintes fois, du haut de la chaire ainsi profanée, le hideux athéisme avait promulgué les oracles nouveaux, et excité contre Dieu, contre son Église, contre ses prêtres, le fanatisme de la persécution. Mais s'il est malheureusement vrai que les prédications de l'anarchie et de l'impiété avaient trouvé de l'écho dans une partie de la population de Saint-Michel, il est historique aussi qu'une autre partie de la même population était demeurée inébranlablement attachée à la vieille foi de la France et aux religieuses traditions des aïeux. Celle-ci pouvait se glorifier d'avoir fourni aux bourreaux de la Terreur plus d'une sainte victime, dont l'héroïsme rappelait les plus admirables martyrs de la primitive Église (1).

Or, mêlé, par contact de voisinage et de situation sociale, à cette élite plébéienne du camp paroissial de Saint-Michel, Alexis Ferran s'en assimila les sentiments généreux et les belles fidélités.

Il était là, avec sa tribu, le jour où celle-ci, ivre d'un saint enthousiasme, chantant des hymnes de joie, et non sans verser de douces larmes, eut la consolation d'assister à la réconciliation solennelle de l'illustre basilique, enfin rendue aux adorateurs du vrai Dieu; le jour où, revenue avec ses prêtres de la proscription et de l'exil, la Sainte Eucharistie reprit possession de son tabernacle trop longtemps désolé. C'était la première fois qu'il voyait l'intérieur d'une église.

Cela parut si grand, c'est de lui-même que nous le tenons,

(1) Entre autres Mme Couronnat, de la famille des Tandonnet.

cela parut si beau à ses yeux d'enfant, qu'il ne pouvait se rassasier de ce spectacle.

Dès lors, l'église de Saint-Michel exerça sur son cœur une sorte d'attraction maternelle. Il n'avait pas de plus vive jouissance que de voir s'y déployer la pompe des saints offices. Tous les événements qui accompagnèrent la renaissance de sa paroisse lui laissèrent d'inoubliables impressions, inépuisable aliment de ses futurs récits.

Aux cours de ces narrations du bon curé, les noms des prêtres qu'il avait vus se succéder à Saint-Michel, soit comme curés, soit comme vicaires, amenaient régulièrement sur ses lèvres je ne sais quel accent de vénération attendrie. Il en parlait comme s'ils lui eussent toujours apparu, à la façon des Bienheureux, avec une auréole autour du front (1).

Dans ces mémoires personnels qu'il portait écrits au dedans de lui-même, lors de son arrivée à Captieux, un troisième ordre de souvenirs s'associait à ceux du foyer paternel et de la paroisse natale. Ces derniers souvenirs, qui achevaient l'histoire de ses antécédents, à quoi se référaient-ils? Aux années de son éducation classique et de son éducation cléricale.

Alexis Ferran eut pour premiers maîtres les Pères de la Foi. Faut-il apprendre à cette assistance ce qu'étaient ces Pères de la Foi, dont le nom a depuis longtemps disparu?

Les Pères de la Foi étaient des ouvriers évangéliques, les ouvriers de la première heure, dans cette entreprise de réédification religieuse que les ruines entassées par l'ouragan politique de la fin du dernier siècle avaient rendue nécessaire, et que la signature du Concordat avait rendue possible. Ils suivaient en secret la règle du fondateur de la Compagnie de Jésus, avec l'ardent désir

(1) MM. les curés Rousseau, Périer, Duburg; MM. les vicaires Turenne, Soupre, Dasvin, etc.

et le doux espoir de voir ressusciter cette Société incomparable, dont la dispersion avait été arrachée à l'extrême infortune d'un Pape, par les violences parricides d'une diplomatie sans pudeur et sans conscience, et sur les intrigues de laquelle l'histoire ne saurait accumuler assez d'exécrations.

C'est chez les Pères de la Foi qu'Alexis Ferran fit sa première communion. Il avait alors treize ans. Il apporta au divin banquet toutes les dispositions qui peuvent composer l'angélique parure d'un enfant de cet âge.

Ses études de latin étaient déjà avancées, lorsque se réalisa la grande et chère espérance des Pères de la Foi.

Il vint en effet, il se leva dans un rayonnement de justice, le jour de la solennelle réparation, le jour où, d'un pôle à l'autre, on entendit retentir la joyeuse nouvelle : La Compagnie de Jésus est ressuscitée, alleluia !

Aux acclamations du peuple romain, et aux applaudissements de l'immense famille du Christ, le pape Pie VII venait de rétablir, par une bulle solennelle, cette héroïque avant-garde de l'armée catholique.

Dès le lendemain de la promulgation de la bulle réparatrice, quatre-vingt-six vétérans de la Compagnie de Jésus s'empressèrent de rejoindre leur ancien drapeau, relevé par le Saint-Siège.

A leur tête, si vous me permettez ce détail, figurait un vieillard de cent vingt-six ans qui s'était enrôlé dans la Compagnie cent huit ans auparavant, frappante image de cette ténacité de vie dont la Providence a doué l'Ordre du chevaleresque pénitent de Manrèze (1).

Pour renforcer ce bataillon de Révérends invalides réclamés par la tombe, les volontaires ne tardèrent pas à se présenter. Les Pères de la Foi furent de droit les premiers à dire : Nous voici.

(1) Ce religieux de cent vingt-six ans était le Père Albert de Montalto.

Pour être des Jésuites tout faits, ils n'avaient guère qu'à passer, en changeant de nom, sous le commandement du Général de l'Ordre ressuscité. C'est ce qui eut lieu.

D'élève des Pères de la Foi, Alexis Ferran devint donc, sans presque s'être aperçu de la transition, l'élève des Jésuites.

Ceux-ci n'en eurent pas de plus distingué par la piété, par l'amabilité du caractère, par les succès académiques. Ils n'en eurent pas non plus de plus cordialement affectionné à leurs personnes, eux qui pourtant connaissent si bien l'heureux secret de captiver l'affection de leurs disciples ! « Nos bons Pères », telle est l'expression dont se servait toujours l'abbé Ferran quand il parlait des Jésuites.

Parmi les rares papiers mêlés au maigre héritage de notre vénéré défunt, on a trouvé une lettre à lui adressée par l'un de ses anciens bons Pères. Elle est datée du 21 janvier 1879. « Vous me demandez, disait l'auteur de cette missive, si je suis bien celui qui dirigea votre conscience, il y a près de soixante ans. A mon tour, je vous demande si vous êtes bien ce cher abbé Ferran qui reçut ma première absolution. Vous me parlez de votre grand âge, ajoutait le correspondant du bon curé ; si vous n'êtes plus jeune, votre ancien père spirituel l'est beaucoup moins que vous. J'ai quatre-vingt-sept ans sept mois et treize jours. »

La signature était celle d'un Jésuite connu pour ses ouvrages ascétiques, et dont aucun prêtre, dans notre siècle et dans notre France, n'a ignoré le nom. Il n'a cessé de faire du bien que le jour où, parvenu à l'âge de quatre-vingt-quatorze ans, il fut pour jamais soustrait par la mort à la désagréable surprise des décrets d'expulsion (1).

Des mains des Pères Jésuites, chez lesquels il avait terminé ses humanités, Alexis Ferran passa aux mains des Sulpiciens. Comme

(1) Il s'agit du R. P. Chaignon.

celui des Jésuites, ce dernier nom ne manquait jamais de réveiller les plus tendres cordes de son cœur et de sa voix.

Il fut chez les Sulpiciens le modèle des séminaristes de son temps.

Ordonné prêtre en décembre 1825, il célébra sa première messe dans l'église de Saint-Michel. A sa droite, comme acolyte d'honneur, se tenait un vicaire de la paroisse, destiné, lui aussi, à toucher les extrêmes limites de la vie humaine. Nous l'avons enseveli, il n'y a pas encore un an, dans les larmes des nombreux orphelins qui l'appelaient leur père (1).

Les voilà, dans leur résumé sommaire, les souvenirs personnels que l'abbé Alexis Ferran apportait avec lui, le jour où la bourgade de Captieux le vit aborder l'austère paysage qui forme le monotone empire de cette humble capitale de nos pauvres forêts. *Baala quæ est Cairathiarim, id est, urbs sylvarum* (2).

Souvenirs du foyer paternel, souvenirs de la paroisse natale, souvenirs de collège et de séminaire, l'histoire de son passé pouvait se renfermer dans trois courts chapitres, ainsi intitulés. Tout y était pur et digne du regard des anges. La physionomie du nouveau venu ne démentait pas la belle candeur de ce passé. Elle semblait en être le certificat, un certificat lisible à tous les yeux. Sa haute taille l'aurait rendu imposant, mais la douceur de son regard, le naturel et l'affabilité de ses manières semblaient dire à tous : Venez à moi, car je viens pour me donner à vous.

Depuis ce jour-là, soixante-deux ans se sont passés. Or, après soixante-deux ans de ministère à Captieux, quels souvenirs publics l'abbé Ferran y laisse-t-il? telle est la deuxième question qui, maintenant, sollicite une réponse, déjà peut-être tardive.

(1) M. l'abbé Buchou.

(2) Jos., XV, 9.

II

Ils sont édifiants, ils sont embaumés, les souvenirs publics que l'abbé Alexis Ferran laisse après lui, dans la paroisse où s'écoula toute sa vie de prêtre.

Ces souvenirs sont ceux d'un vicariat et d'un pastorat qui m'apparaissent également, quoique diversement, supérieurs à mes éloges. Veuillez donc vous contenter d'un simple exposé des choses, et me dispenser de tout commentaire laudatif.

Et d'abord, chez les rares survivants qui furent les témoins de ses débuts dans le service des âmes, notre défunt laisse le souvenir d'un vicariat où il déploya tout à la fois et la tendresse d'un fils pour l'homme de Dieu dont il partageait la charge, et le zèle d'un missionnaire pour les diverses populations confiées à leur double houlette.

Personne ici ne l'ignore. Le curé dont, au lendemain de son ordination, l'abbé Alexis Ferran avait été nommé vicaire, n'était pour lui ni un inconnu, ni un étranger. C'était son oncle paternel. Cet oncle se nommait l'abbé Louis Ferran.

L'abbé Louis Ferran était, en 1826, un vieillard blanchi par les années. Vieillard trois fois vénérable, car il avait honoré sa longue carrière par ses travaux, par ses malheurs, par son courage.

Avant la sinistre époque de la Révolution, ses mérites l'avaient porté, jeune encore, au poste d'archiprêtre de la cathédrale de Bazas. C'est lui qui assista rituellement, sur son lit de mort, le dernier des évêques bazadais.

Émigré en Espagne, au commencement de la Terreur, il y avait enduré, avec la fermeté d'une âme plus forte que l'adversité, neuf ans d'exil, c'est-à-dire neuf ans de privations et de misère. Plus d'une fois, il lui avait fallu arracher au Ciel, à force de prières, le pain nécessaire à sa subsistance. Un jour entre autres, mourant de faim et à bout de ressources, il s'était réfugié dans une église de Tolède. Là, à deux genoux, derrière un pilier, il conjurait avec larmes la Providence divine d'avoir pitié de lui, lorsqu'une main charitable qu'il ne connaissait point s'approcha du suppliant, et lui fit avec respect l'aumône d'une bourse généreusement garnie. Sans ce secours providentiel, il serait mort d'inanition.

Au retour de l'exil, le riche prébendé d'autrefois avait trouvé tout simple que l'autorité archiépiscopale lui assignât, pour récompense de ses anciens services, et pour dédommagement de ses neuf ans de souffrances sur la terre étrangère, le poste peu envié de Captieux. Il était joyeusement venu y fixer sa tente et le terme de ses ambitions terrestres. Preuve de plus que, par le cœur, les Ferran étaient de noble race.

Cependant, le fardeau de l'âge avait peu à peu usé les forces et courbé la taille de ce confesseur de la foi. Pour fournir, à travers la lande, les courses de cinq et six heures que les nécessités du ministère imposaient alors, plusieurs fois par semaine, au curé de Captieux, non seulement la marche, mais l'exercice même du cheval ne lui était plus possible. Il avait dû pour y suppléer, comme jadis saint Vincent de Paul, et selon l'expression de ce même saint, se résigner *à l'ignominie* d'un carrosse.

Où avait-il rencontré celui qu'il se procura? Nous l'ignorons. Ce qu'il y a de certain, c'est que le type en était depuis longtemps perdu, et que l'origine en remontait à une époque problématique. Malgré le secours de cet invraisemblable véhicule, le vieux doyen ne suffisait plus aux besoins de ses ouailles. C'est pourquoi on avait fini par lui envoyer un bâton de vieillesse. Et ce bâton de vieillesse, c'était son propre neveu. Excellente fortune et pour l'un et pour l'autre!

L'arrivée de l'abbé Alexis Ferran produisit chez son oncle un renouvellement de vie, et comme une sorte d'arrière-jeunesse. En dépit de la différence des âges, ces deux âmes se lièrent si étroitement qu'elles se fondirent, pour ainsi dire, l'une dans l'autre, de manière à ne faire qu'un. Tout ce que saint Ambroise a écrit de plus suave sur l'amitié des prêtres entre eux, se réalisa entre le curé de Captieux et son vicaire. C'était l'idéal de la cordialité mutuelle.

Le jeune vicaire vénérait son vieil oncle autant qu'il l'aimait et qu'il en était aimé. Il recueillait, comme des oracles, les maximes habituelles du bon vieillard. Que de fois ne les a-t-il pas répétées depuis, sans jamais oublier d'en faire honneur à celui dont il les avait apprises! (1)

Considérant son oncle comme un modèle, il s'appliquait à l'imiter, et l'oncle se réjouissait de se voir revivre dans le neveu. Une douce joie, résultat de cette entente parfaite, régnait constamment dans ce tranquille manoir de l'extrémité du bourg, dans ce presbytère retiré, où deux vies sacerdotales, l'une à son aurore, l'autre à son déclin, se montraient si intimement entrelacées.

Voilà longtemps qu'elles ont changé de destination, les vieilles murailles du presbytère d'alors; mais je me permets de leur adresser, à travers l'espace, un salut du cœur, en souvenir de l'aimable hospitalité que mon enfance y reçut plus d'une fois.

Ce vicaire si tendrement dévoué à son curé aurait voulu épargner à celui-ci toutes sortes de fatigues. C'est pourquoi il s'adjugea de prime abord, pour sa part du ministère, toutes les corvées pénibles, et se mit à l'œuvre avec le zèle d'un missionnaire. Ne s'agissait-il pas, en effet, d'une tâche quelque peu comparable à celle de nos missionnaires lointains? Sous ce rapport, il ne faut pas juger du passé par le présent.

(1) Ataoù disèbe toutoun curé.

La paroisse centrale ne formait qu'une fraction du territoire qu'embrassaient alors les obligations du curé de Captieux. Il lui fallait desservir, en outre, toutes celles du canton actuel, et avec celles-ci, deux autres de plus qui n'en faisaient point partie, et dont l'une appartenait même à un diocèse étranger (1). C'était presque l'étendue d'une petite province ; et cela, dans un pays sans routes tracées, dans un pays où le voyageur n'échappait à d'arides et interminables steppes de raze lande, que pour s'enfoncer dans d'interminables forêts. Donc, sillonner sans cesse ce vaste et mélancolique territoire, se tenir toujours en haleine, ne se reposer d'une course que par une autre, ce fut, dès le premier jour, la vie de notre vicaire.

Quel est ce cavalier qui chevauche là-bas de si bonne heure, à travers la morne solitude de la lande, et dont les premières lueurs de l'aube naissante ne dessinent que vaguement la mystérieuse silhouette ? C'est le vicaire de Captieux. Il est parti du presbytère plusieurs heures avant le jour, et il s'en va célébrer la sainte messe dans quelque église reculée de l'extrémité du district, ou bien porter les secours surnaturels à quelque pauvre malade, dans quelque pauvre chaumière, perdue au fond des bois, par delà l'horizon.

Parfois, en pareil cas, il rencontrait des bergers qui, montés sur leurs échasses, menaient au pâturage leur troupeau de noires brebis. « Bonjour, Monsieur l'Abbé, lui criaient-ils familièrement, vous vous êtes levé de bien bonne heure ; vous allez sans doute vous gagner quelques sous. Vous faites bien, bon voyage ! » N'ayant pas le temps d'expliquer à ces esprits incultes qu'il y a quelque chose qui s'appelle gagner non des sous, mais des âmes, le cavalier se contentait de leur rendre le salut, et poursuivait sa course.

(1) Maillas.

La course ne s'effectuait pas toujours sans accident. Bien souvent il lui arriva de chuter dans quelque précipice, ou dans les courants qu'il avait à franchir sur quelque étroite et branlante passerelle. Tombé, il se relevait comme il pouvait, se séchait, s'il en avait besoin, au vent ou au soleil; et, sans avoir rien perdu de sa bonne humeur, se rendait là où l'appelait son devoir.

Le lendemain le voyait recommencer le labeur de la veille.

Ce train de vie dura aussi longtemps que son vicariat, c'est-à-dire près de dix ans. Jamais son zèle n'y éprouva une heure de défaillance.

Il était à Captieux depuis une dizaine d'années, lorsqu'il eut la douleur de voir mourir, plein de jours et de mérites, l'oncle tant aimé dont il était le coadjuteur. Vous savez seul, ô mon Dieu! toutes les larmes que cette mort lui fit verser. Nous savons, nous autres, que les objets qui avaient servi à l'oncle, y compris le carrosse légendaire, devinrent des reliques pour le neveu; nous savons que celui-ci, dans le meilleur endroit de son cœur, éleva pieusement un invisible autel à la mémoire de son second père; nous savons enfin qu'il n'a cessé qu'en mourant lui-même de rendre à cette mémoire de religieux hommages.

L'abbé Alexis Ferran succéda à son oncle, et devint officiellement curé de Captieux.

Curé de Captieux, il eut encore, sous ce nouveau titre, à mener pendant quelque temps une vie de missionnaire. Mais peu à peu la tâche devint pour lui moins rude, parce qu'il en partageait le fardeau avec un auxiliaire, et surtout parce que les recrues du sanctuaire permirent, peu à peu, de donner des pasteurs attitrés aux paroisses du canton qui, jusque-là, en avaient été privées.

Or, si notre héros laisse à Captieux le souvenir d'un admirable vicariat, il y laisse surtout le souvenir beaucoup plus vivant d'un pastorat plus admirable encore.

Le pastorat de l'abbé Ferran se distingua principalement par l'esprit d'évangélique paternité qui y présida, qui en fut l'âme.

Elle est touchante partout, cette paternité dont le prêtre reçoit l'investiture le jour que l'Église lui confie le gouvernement de cette famille spirituelle qui se nomme une paroisse. Touchante chez le curé de ville, elle l'est encore plus chez le curé de campagne. Mais ne puis-je pas dire qu'elle est touchante surtout chez nos curés des landes, et cela, à cause du contraste qu'elle présente avec ce caractère de marâtre dont, en ces régions avares, la terre porte la triste empreinte?

Quoi qu'il en soit, j'aime à proclamer que notre cher curé de Captieux fut, au sein de nos landes, un remarquable modèle de la paternité pastorale.

Oui, il fut un père, un vrai père pour son peuple. Et il n'eut, pour cela, aucun effort à s'imposer. La bonté lui était naturelle. On n'avait qu'à le voir, pour en être aussitôt convaincu. Mais cette bonté naturelle, la grâce du sacerdoce en avait merveilleusement élargi les sources, en la transfigurant, en la consacrant dans le Seigneur; et voilà ce qui explique la largeur, le charme, la plénitude de sa paternité à l'égard des fidèles soumis à sa juridiction.

Cette paternité embrassait le troupeau tout entier, sans distinction de rang, de fortune, de drapeau. Chacune de ses ouailles lui était aussi chère que s'il n'en avait pas eu d'autres à gouverner et à sauver. Mais je manquerais à la vérité, si j'omettais de constater que, en étant tout à tous, il éprouvait comme une inclination particulière de respectueuse pitié à l'endroit des pauvres colons de la lande. Pour désigner cette portion de sa famille paroissiale, il avait une locution à lui : « Nos pauvres gens ». C'est ainsi qu'il les appelait, en accompagnant toujours ces mots d'une intonation affectueuse, caressante, d'une sorte de soupir; et l'on comprenait facilement ce que signifiait ce soupir du bon curé. Il voulait dire : Je ne puis songer, sans que mon cœur se serre, à l'inexorable joug que la pauvreté fait peser sur un si grand nombre de mes enfants. Il voulait dire aussi : Ah ! s'ils le voulaient, qu'il leur serait facile, à ces pauvres gens, de gagner le Ciel ! Leur vie est par elle-même plus pénitente que celle des Trappistes. Pour être des saints, ils n'auraient qu'à y mettre un peu d'amour de Dieu ; ils n'auraient qu'à être chrétiennement ce qu'ils sont par nécessité et par routine, laborieux, sobres, mortifiés.

Toujours est-il que, pour cette portion la plus déshéritée de son troupeau, il y avait dans son cœur une tendresse spéciale.

Sous l'empire de ces préférences, dont il avait trouvé dans le saint Évangile l'exemple et l'inspiration, il se plaisait à frayer, le plus possible, avec la pauvre tribu des métayers, des bûcherons, des pâtres.

L'idiome dédaigné qui est leur langue héréditaire était devenu sa langue usuelle. Alors même que son interlocuteur ne parlait que français, c'était sa coutume d'agrémenter le dialogue de quelque mot gracieux ou piquant, emprunté à son dialecte favori.

Et il n'avait pas, comme les autres curés de nos contrées, une langue pour la semaine, et une autre langue pour le dimanche. Le dimanche, fût-ce même le dimanche de Pâques, le patois montait en chaire avec lui. Jamais il ne prêcha qu'en patois.

Il laissait à ses vicaires la langue des livres, la langue de la classe fortunée, mais lui, il ne voulait se servir que de la langue des pauvres gens qui se nourrissent de pain de seigle.

Il est vrai qu'il la maniait d'une façon peu commune, cette langue paysanne ; et ce n'est pas sans fondement que, dans l'opinion de notre clergé, il passait pour le Chrysostôme du patois.

La seule éloquence, du reste, à laquelle prétendit cette bouche d'or, volontairement vouée à un idiome de rebut, c'était la simple éloquence d'un père qui s'entretient avec ses enfants.

Un père de famille, *similis homini patrifamiliâs;* voilà bien ce qu'était, dans la chaire, le curé de Captieux. Peut-être même s'y comportait-il plutôt en grand-père qu'en père. Le rôle de grand-père était naturellement dans ses goûts, autant que dans ses aptitudes. En preuve, le titre que saint Jean, retiré à Éphèse, se donnait jadis, lorsque, parlant de lui-même, il disait : *Moi le vieux ego senior,* l'abbé Ferran n'avait pas attendu le droit de l'âge pour se le donner aussi. Avant la cinquantième année, il faisait profession d'être vieux, et voulait être regardé comme tel. Mais bien avant qu'il se fût montré atteint de cette ambition peu contagieuse, avant même qu'il fût parvenu à l'âge mûr, de tout temps, son éloquence, comme sa démarche, avait eu cette allure lente et abandonnée qui convient aux vieillards.

Sans parler davantage de ce qu'il était en chaire, vit-on jamais père ou grand-père plus affable, plus débonnaire, plus indulgent avec ses fils ou petits-fils, qu'il ne l'était, en toute occasion, avec ses paroissiens ?

Tout en lui, sa tête légèrement inclinée, comme celle du bon pasteur accoutumé à charger son cou de la brebis perdue, son regard affectueux, son air bienveillant, tout invitait à la confiance.

Un ancien commentateur de la sainte Écriture (1) veut qu'un manteau de bénignité enveloppe les pasteurs d'âmes, à la façon d'une toison moelleuse, et que cette toison, comme celle de Gédéon, paraisse imprégnée de la rosée du Ciel. Si ce commentateur avait pu voir notre curé de Captieux, il aurait vu son vœu réalisé. Oui, toute sa personne semblait enveloppée d'un manteau de bénignité, plus doux à l'œil que la blanche laine des agneaux,

(1) P. Berthonius.

d'un manteau où perlaient, si j'ose le dire, les gouttes de cette céleste rosée qui s'appelle l'onction de l'Esprit-Saint.

Son presbytère, comme son cœur, était constamment ouvert à quiconque avait besoin de l'entretenir. Les plus humbles, les plus petits en franchissaient librement la porte, et s'y sentaient à l'aise comme dans leur propre maison. Il prenait intérêt à tous les détails, souvent fort prolixes, qui intéressaient son visiteur. Jamais un signe d'impatience ou d'ennui. Pourvu qu'on se retirât éclairé, soulagé, consolé, il ne se plaignait jamais de la longueur de la séance.

Quand je songe au nombre de ceux qui, dans un espace de plus de soixante années, sont venus chercher et ont trouvé auprès de M. Ferran la lumière, le soulagement, la consolation, il me semble voir des nuées de créatures baptisées qui bénissent son nom; et à cette vue, je bénis Dieu moi-même, d'avoir mis à la portée de toutes ces créatures, un cœur de père dans un cœur de prêtre.

Indulgent autant que débonnaire, le curé de Captieux était toujours prêt à excuser les côtés moins bons de ses ouailles. Ses réprimandes, s'il était obligé de leur en adresser, gardaient toujours, dans les cas même les plus dignes de rigueur, un accent paternel.

En 1870, pendant la guerre d'invasion, une main occulte, instrument des sectes excommuniées, soudoya je ne sais quel être dégradé, un être aux habitudes venimeuses et rampantes, et le chargea d'accréditer, au sujet de notre saint homme, une calomnie d'une audace inouïe. Ce reptile parlant s'acquitta odieusement de son mandat. Il se glissa de métairie en métairie, sifflant partout que c'étaient les curés qui étaient cause de la guerre, et de plus, chuchotant mystérieusement à l'oreille de celui-ci, à l'oreille de celui-là, que le curé de Captieux lui-même avait envoyé aux

Prussiens 30,000 fr. bien comptés; que la chose était indubitable, tels et tels témoins ayant vu, de leurs yeux vu, partir du presbytère, tel jour et à telle heure, la lourde caisse qui renfermait cette somme en espèces sonnantes.

Qu'advint-il d'une machination tout à la fois si abominable et si ridicule? Il en advint, hélas! ce qu'a dit un de nos poètes :

Plus le piège est grossier, mieux le peuple s'y prend.

Sans doute, la majorité des campagnards landais apprécia, comme il le méritait, ce prodige d'infamie et de mensonge. Il y en eut cependant qui s'y laissèrent prendre; et M. le Curé dut se disculper, au prône, du crime d'État, de l'atroce indignité qu'une infernale scélératesse avait entrepris de faire peser sur sa tête. Mais comment fit-il éclater sa juste indignation? Il se contenta d'affirmer qu'on n'avait jamais battu monnaie au presbytère de Captieux, que s'il avait joui de ce privilège, il en aurait usé pour d'autres que pour les ennemis de la France; qu'enfin, la fameuse caisse qu'on avait vu partir du presbytère, renfermait simplement les pièces d'un vitrail, renvoyé au verrier, pour cause de proportions mal mesurées. Quant à ceux de ses paroissiens qui s'étaient rendus coupables à son égard d'une crédulité si aveugle et si outrageante, il ne leur adressa, au lieu des foudres qu'ils méritaient, que quelques mots plus empreints de tristesse que de sévérité.

Un suprême caractère de la paternité pastorale, chez M. Ferran, c'est qu'il s'oubliait généreusement lui-même pour ne songer qu'à son troupeau, et se répandre en continuels bienfaits.

Non, le bon curé de Captieux ne prenait que bien rarement la peine de songer à lui-même. Si jamais il pécha par quelque excès, ce fut par excès de désintéressement.

Celui qui sert l'autel a droit à vivre de l'autel. Ce droit, il négligeait presque absolument de le faire valoir. Les habitudes qu'il a introduites sur ce point auront l'inconvénient de nuire à son successeur, en le plaçant dans l'alternative : ou de manquer du nécessaire, ou de faire des mécontents, sinon des réfractaires.

Cette main qui restait si volontiers fermée quand il s'agissait de recevoir ce qui lui était légalement dû, en vertu des tarifs officiels, elle était toujours prête à s'ouvrir pour donner. Elle donnait, comme si elle eût possédé d'inépuisables trésors.

A quiconque lui demandait, M. Ferran donnait. Souvent ses dons prévenaient la requête.

Soupçonner le besoin et le secourir, c'était pour lui l'affaire du même instant. S'il apprenait qu'il y eût, n'importe où, quelque pauvre malade, ce malade devenait pour lui l'objet d'une sollicitude qui se traduisait par les plus délicates largesses. Il y avait, sous son toit, tout un dispensaire à l'usage des convalescents. Les meilleurs flacons de sa cave en faisaient partie. C'était aussi la destination des fruits que, chaque année, il faisait acheter, pour les mettre en conserve, de sa propre main, aux approches de l'hiver.

Connu ou inconnu, tout indigent pouvait être sûr de ne pas frapper vainement à sa porte. Il donnait au près, il donnait au loin. S'il fallait entrer dans les détails de ses aumônes et de ses générosités de tout genre, je n'en finirais pas.

Toute sa vie, il fut trop occupé à faire du bien aux autres, pour qu'il eût seulement l'idée, de se réserver à lui-même quelque ressource pour la saison des infirmités. Cette saison venue, il s'aperçut de son imprévoyance. Qu'allait-il devenir, si, à quatre-vingt-cinq ans, il lui fallait donner sa démission, et chercher, en dehors du presbytère, un coûteux abri, pour y attendre la mort? Ce n'est pas, confessons-le, sans quelque serrement de cœur que M. Ferran envisagea cette éventualité. Heureusement, ceux qui auraient eu qualité pour provoquer sa démission, n'étaient pas hommes à oublier que, lorsqu'ils sont si voisins de la tombe, les bons prêtres sont trois fois sacrés, et qu'ils se recommandent, par leur âge seul, à des ménagements plus que maternels. En ne s'inspirant que de leur cœur, ils conformèrent leur conduite à cette maxime tant de fois répétée dans les Décrétales des Souverains Pontifes : Il faut éviter d'affliger ceux qui sont déjà dans l'affliction; *Afflictis non est addenda afflictio.*

La démission ne fut donc pas exigée. Le Ciel en soit béni! Un excès d'affliction fut ainsi épargné à un ancien du sanctuaire. Ainsi fut également épargnée à la paroisse qu'il gouvernait depuis si longtemps, la douleur de voir se rompre, avant l'heure du destin, le doux lien qui l'unissait à ce pasteur bien-aimé. D'ailleurs, au point de vue du bien des âmes, n'était-il pas édifiant le spectacle que présentait, chaque dimanche, l'église où nous sommes, pendant les dernières années du règne de M. Ferran?

Voilà, non loin de l'autel, tout près de la table sainte, voilà la place où, sans d'autre stalle d'honneur qu'un pauvre fauteuil de paille, dans lequel des bras secourables l'avaient transporté depuis le presbytère, un vieillard, un prêtre bientôt nonagénaire présidait l'assemblée des fidèles. Au moment voulu, c'est lui qui, d'une voix affaiblie par l'âge, expliquait, dans la langue de ses plus pauvres auditeurs, l'Évangile du jour. Et alors, tout en commentant le texte divin, il rappelait à ses paroissiens : qu'il avait vu naître tous ceux d'entre eux que son oncle n'avait pas baptisés, qu'il les avait préparés à leur première communion; qu'il avait pris part à tous les événements de leur foyer, à toutes leurs joies, à toutes leurs douleurs. Volontiers il leur parlait aussi de sa mort prochaine, et leur recommandait de prier pour son âme quand il ne serait plus parmi eux.

« J'ai tant vu, leur disait-il quelquefois, je suis rassasié de voir (1); ne me plaignez donc pas d'être arrivé à l'heure où mes yeux vont se fermer aux choses d'ici-bas ». Mais quel que fût le sujet de son discours, les auditeurs du vieillard comprenaient, rien qu'à son accent, que les ayant toujours aimés, parvenu à l'heure de retourner à Dieu, il les aimait plus que jamais.

En somme, l'abbé Ferran laisse à Captieux des souvenirs publics qui y rendront sa mémoire immortelle.

Mais sa mémoire ne restera pas renfermée dans les limites de la paroisse où il fut successivement et vicaire et curé. Tout notre diocèse en gardera le parfum. C'est pourquoi voici une troisième question, qui complète les deux précédentes :

Quel souvenir universel l'abbé Ferran laisse-t-il dans notre diocèse de Bordeaux?

III

A la question que je viens de poser, je réponds que, chez tous ceux qui l'ont connu, d'un bout à l'autre de notre archidiocèse, *à Dan usque Bersabee,* depuis Dan jusqu'à Bersabé (2), l'abbé Ferran laisse le souvenir d'un prêtre d'autrefois, le souvenir d'un prêtre légué pour ainsi dire à notre siècle par une époque antique, plus pénétrée du sens chrétien et moins tourmentée que la nôtre.

Oui, M. Ferran fut un prêtre selon les vieilles traditions des meilleurs temps de l'Église; *Æmulator paternarum traditionum.*

Et d'abord, quel bon esprit de simplicité chrétienne en toutes choses!

Soixante-deux ans durant, il est resté au même poste, sans

(1) Ey tant bès, souy hart de bèse.

(2) I, *Reg.*, III.

avoir jamais su, sans avoir jamais soupçonné que ses mérites étaient au niveau d'un poste plus élevé.

Le très illustre et très bon cardinal Donnet jugea à propos, il y a une douzaine d'années, de faire droit aux secrets désirs de tout notre clergé, en conférant à ce vétéran de la sainte milice certains insignes honorifiques, qui figurent aujourd'hui sur son cercueil. Il s'en montra touché et reconnaissant, parce qu'il était le plus poli des hommes. Mais au fond, et sauf la satisfaction que le gracieux octroi d'une telle faveur pouvait causer à son peuple et à ses confrères, il aurait autant aimé, nous le savons de science certaine, s'en aller au cimetière, comme jadis son oncle, sans autre décoration que sa pauvre étole dédorée, sans autre titre que celui de curé de Captieux.

Cet esprit de simplicité, qui le rendait absolument étranger à toute ambition humaine, lui inspirait en même temps une sainte aversion pour tout ce qui ressemble au luxe ou lui paraissait y ressembler.

Exemple. Quand on eut bâti le nouveau presbytère pour remplacer l'ancien, trop éloigné de l'église, on ne put obtenir de M. le Curé qu'il consentît à laisser recouvrir la nudité des murs d'une tapisserie en papier peint. Cet ornement, d'un si commun usage qu'il soit, lui répugnait comme suspect de luxueuse nouveauté.

Des murailles blanchies au lait de chaux, c'était assez, pensait-il, pour la demeure d'un curé de campagne, celui-ci fût-il curé de canton. Au fait, des murailles rustiques répondaient assez bien à la splendeur de l'ameublement qu'elles devaient encadrer. C'était toujours les meubles du temps de l'oncle. Il y en avait peu, juste le strict nécessaire; et ce peu se composait de ruines mal équilibrées, dont quelques-unes méritaient déjà ce nom, lorsqu'elles étaient encore au service de leur avant-dernier propriétaire.

Parmi ces vieilleries, une seule représentait ce qu'aujourd'hui notre langue dégénérée appelle le *confortable*. C'était un fauteuil du temps d'Henri IV, fixé à demeure dans un coin de la chambre du lit. Il se composait d'un agencement de coussins, jadis habillés de velours, mais tellement déformés et durcis par un usage plusieurs fois séculaire, que rien n'y manquait pour faire de cette antiquaille un instrument de supplice.

C'est sur ce siège archéologique que M. le Curé avait l'habitude de passer, en saintes lectures, la plus grande partie de sa veillée, laquelle se prolongeait régulièrement, été et hiver, jusqu'à onze heures de la nuit, ce qui ne l'empêchait pas, soit dit en passant, de se lever régulièrement, hiver et été, avant cinq heures.

L'esprit de simplicité se manifestait encore chez M. Ferran par le soin qu'il mettait à conserver, dans les mœurs de ses paroissiens, certaines coutumes naïves, héritage de leurs ancêtres.

En vertu d'une de ces coutumes (c'est pour les auditeurs étrangers à la paroisse que je mentionne la chose), les jeunes enfants qui venaient à confesse, au temps pascal, devaient apporter sur l'autel, en guise d'offrande expiatoire, la modique redevance d'un œuf. Jusqu'à la fin, notre curé s'appliqua à maintenir cette tradition des aïeux.

Il en maintint une autre tout aussi naïve. Celle-ci concernait la manière de faire savoir officiellement aux fillettes des métayers, qu'elles avaient mérité d'être prochainement appelées à faire leur première communion. Elle consistait dans l'envoi de quelques quenouillées de chanvre battu, que le presbytère faisait remettre nommément à chacune de ces petites élues du catéchisme, lesquelles apprenaient par là qu'elles étaient admises au bonheur de s'asseoir bientôt au festin eucharistique. Les quenouillées devaient, avant le grand jour, être rapportées, sous forme de fil, à l'endroit de leur expédition originaire. Ce fil n'attestait pas toujours l'habileté des fuseaux qui l'avaient ourdi; mais qu'importait l'imperfection de l'ouvrage, pourvu qu'il eût servi à rendre présente, pendant plusieurs semaines consécutives, dans l'esprit des jeunes fileuses, la pensée des approches de leur première communion?

Je pourrais citer d'autres coutumes locales du même caractère, qui doivent à l'abbé Ferran, d'avoir résisté jusqu'à sa mort au courant d'un siècle follement épris de lui-même, et armé en guerre contre tout vestige du passé.

Ajoutons que si M. Ferran fut un prêtre des anciens jours par sa belle simplicité, il le fut encore plus par l'urbanité, la bonne grâce, la courtoisie de ses manières, de sa tenue, de sa conversation; par son respect de la hiérarchie; par son inaltérable sérénité, par la sagesse de ses jugements et de ses conseils.

Quelle aménité dans sa physionomie et dans tout son extérieur! Quelle exquise politesse!

Ce curé de campagne, accoutumé à traiter tous les jours avec les moins lettrés de nos cultivateurs, avec des interlocuteurs dont le portrait pourrait se retrouver, assez fidèlement tracé, dans une célèbre page d'un auteur du grand siècle sur certains paysans de son époque; ce curé de la lande, ce prêtre qui portait des soutanes rapiécées, il aurait fait bonne figure, au milieu d'un cercle d'élite, dans le salon le plus aristocratique, et cela, sans rien modifier de ses manières habituelles, et en restant tout lui-même.

Le sage, dit l'Écriture, a une conversation qui le fait aimer. *Sapiens in verbis suis amabilem se facit* (1).

Telle était la conversation du curé de Captieux, charmant mélange de cordialité, de gaieté contenue, de bonhomie patriarcale. Le timbre seul de sa voix était doux à entendre. Les paroles qui découlaient de sa bouche semblaient être tout à la

(1) Eccl., XX, 13.

fois et une mélodie et du miel, mais un miel non dépourvu de je ne sais quelle saveur réjouissante, et, si vous me permettez de le dire, parfumé de serpolet et de thym, comme celui de nos ruches landaises. Ses lèvres, qui, au repos, avaient l'expression et le pli du recueillement monastique, étaient presque toujours épanouies et souriantes dans la conversation. Je dis presque toujours, car le moindre mot peu charitable prononcé par l'un ou par l'autre, à l'endroit des absents, suffisait pour éteindre soudainement leur sourire, dans un silence attristé.

Quant à la critique des actes émanés de l'autorité diocésaine, elle n'aurait osé, si légère qu'elle fût, se produire devant lui. Le respect qu'il professait à l'égard de la hiérarchie était plus que du respect. C'était, chez lui, avec un autre objet, cette sorte de culte que nos pères appelaient *la religion de la seconde majesté.*

Et sur le front de cet homme, dont le commerce était si aimable, sur le front de ce prêtre si respectueux à l'égard de ses préposés dans le Seigneur, quelle sérénité touchante et communicative ! Tous ceux qui l'approchaient en éprouvaient dans leur âme la salutaire influence, quelque chose de semblable à l'agréable impression, que l'ombre et la fraîcheur des grands arbres font descendre sur la tête du voyageur fatigué.

Et ce n'était pas seulement un rafraîchissement de l'âme, que l'on goûtait à l'ombre sereine de ce sage à haute cime, on trouvait encore auprès de lui des conseils d'une prudence consommée. Ces conseils, les prêtres venaient les réclamer, tout autant que les simples fidèles, si ce n'est davantage.

Ne savez-vous pas, en effet, mes bien chers Frères, que le presbytère de l'abbé Ferran était continuellement visité par les bons curés des paroisses d'alentour, y compris ceux qui résidaient à une distance de cinq ou six heures de marche ? Or, quel est le motif dominant qui, pendant plus d'un demi-siècle, n'a cessé de ramener, à la même porte, tous ces ministres des saints autels? Le même motif qui, jadis, dans la Thébaïde, conduisait auprès des patriarches du désert, tels qu'Antoine, Palémon ou Pacôme, les solitaires des bords du Nil. Ils venaient, ces prêtres, chercher auprès du curé de Captieux, en rompant avec lui le pain d'une hospitalité frugale, qu'il se montrait toujours si heureux de tenir ouverte à ses confrères, ils venaient, dis-je, chercher encouragement, consolation, lumière.

L'abbé Ferran était, par droit de tacite élection, le conseiller, le guide des prêtres de la contrée, aussi bien qu'il en était le soutien et le consolateur. Et quel guide fut jamais plus sûr, quel conseiller plus sagement inspiré que celui-là?

N'insistons pas plus longtemps sur ce point, et arrivons en toute hâte à une troisième et dernière chose qui achevait de réaliser, dans la personne du curé de Captieux, l'antique idéal du prêtre.

Cette troisième chose, quelle était-elle? La belle innocence d'une âme toute pleine de Dieu et du monde éternel.

C'est une pensée de saint Bernard que, si tout le monde est tenu de servir Dieu, le prêtre est tenu non seulement de le servir, mais de s'attacher à Lui par tout son être. *Aliorum est servire Deo, nostrum est adhærere* (1).

Ainsi était attaché à Dieu le prêtre qui vient de nous quitter. Jamais personne ne lui connut d'autre attachement que celui-là. Toutes les autres affections étaient, chez lui, subordonnées au saint amour qu'il avait pour Dieu, et y prenaient leur source.

De là venait une constante tranquillité de conscience, dont la tranquillité de son visage n'était que le reflet. Les scrupules, dit-on, ne lui furent pas toujours inconnus; mais ces scru-

(1) Serm. I, *de Jejun.*

pules même ne l'empêchèrent jamais d'aller à Dieu avec un filial abandon.

Ses rapports avec Dieu étaient en même temps et familiers et tendres. Dans le secret du presbytère, entre les quatre murailles d'une chambre ornée seulement de quelques images en papier, presque effacées par le temps, il se livrait quotidiennement, dans une attitude sans contrainte, à de longs exercices de piété, avec une ferveur qu'aurait pu envier le plus fervent des séminaristes.

L'horreur instinctive qu'il ressentait pour toute sorte d'ostentation lui faisait couvrir d'un voile discret ses dévotions particulières. Nous savons, toutefois, qu'un des attraits de sa piété le portait à honorer d'un culte spécial le Cœur de Jésus agonisant. Il s'était enrôlé dans la confrérie érigée sous ce vocable, laquelle a pour but principal d'intercéder auprès de Dieu pour les âmes qui, chaque jour, au nombre de plus de cent mille, se débattent ici-bas dans les angoisses de l'agonie. Nous pouvons affirmer aussi qu'il s'appliquait soigneusement à gagner les saints pardons, que la miséricorde de l'Église propose à ses enfants, sous le nom *d'indulgences*.

Disons, pour abréger, qu'il avait ordonné sa vie de manière à marcher habituellement en la présence de Dieu, et sans jamais perdre de vue la perspective des choses éternelles. C'est vraiment en pèlerin de la céleste Jérusalem qu'il traversa notre vallée de larmes; *Facies ejus erat euntis in Jerusalem.*

Les jours de son pèlerinage furent plus nombreux qu'ils ne le sont pour la plupart des hommes, et le poids des années lui demeura plus longtemps léger qu'on ne le voit communément.

Vous savez que, de bonne heure, contrairement à ce qui arrive d'ordinaire, il affecta la prétention d'être vieux, seule prétention qu'on ait jamais pu surprendre chez cet homme d'une si parfaite modestie. Le fait est cependant que, si la jeunesse consiste dans la pleine possession de nos facultés physiques, intellectuelles, morales, M. Ferran resta jeune jusqu'à un âge très avancé.

Oui, la vieillesse semblait se faire un jeu de se dérober à ses poursuites. Il avait quatre-vingts ans passés, et aucun signe sérieux n'indiquait encore qu'il fût près d'atteindre cette fugitive, ordinairement moins capricieuse. On aurait pu appliquer à ce prêtre octogénaire, et plus qu'octogénaire, sans crainte d'autre démenti que le sien, les paroles que saint Jérôme adressait jadis à un de ses correspondants. « Vous aurez tout à l'heure cent ans, écrivait l'illustre docteur à Paul de Concorde, et néanmoins vous y voyez, vous entendez, vous marchez comme tout le monde. Vous avez conservé toute la sûreté de votre mémoire, toute la vivacité de votre esprit. Votre main écrit sans trembler, et trace fermement d e lignes qui ne dévient pas » (1). A tous ces points de vue, notre octogénaire n'avait droit à ce titre, que pour avoir vu se renouveler quatre fois son vingtième printemps.

Mais, hélas ! ce que l'entassement des années refusait de faire par la pression naturelle de leur propre pesanteur, des accidents fortuits se chargèrent de l'accomplir. Ce furent des accidents qui terrassèrent la santé du curé de Captieux, lorsqu'elle était encore dans toute la plénitude de sa force.

Un premier accident le jeta, en plein chemin public, sous les roues d'un énorme char de roulage, qui lui passa sur le corps. A peine était-il un peu remis des terribles suites de cette brutale trahison du hasard, qu'une seconde mésaventure, plus tragique encore, acheva de briser ses membres, et le condamna irrévocablement à l'asservissement des béquilles, ou à l'immobilité du fauteuil.

(1) Hier., I, Ép. 21.

Ainsi vous le vouliez, mon Dieu! pour montrer, dans toute sa perfection, l'âme si sacerdotale de votre serviteur!

Les six dernières années que M. Ferran passa sur la terre furent pour lui des années de crucifiement. Crucifié par la douleur, il l'était encore plus par les soins humiliants que son état rendait indispensables, et qu'il lui fallait demander à des mains mercenaires.

Ah! si les pauvres murailles de sa pauvre chambre pouvaient nous raconter tout ce qu'il eut à endurer, en son corps et en son âme, pendant le cours de sa dernière étape, vous apprendriez du nouveau.

Vous apprendriez que, sous le rapport des épreuves qui fondirent sur ses derniers jours, votre curé fut un véritable martyr.

Mais s'il participa aux tortures des martyrs, n'eut-il pas aussi le mérite de participer aux sentiments qui les animaient?

Quelle sainte soumission au bon plaisir de Dieu! Sans doute, le cri de Job venait quelquefois sur ses lèvres. Comme cet ancien juste livré en proie à tous les malheurs, notre vénérable infirme confessait parfois qu'il s'ennuyait de vivre : *Tædet animam meam vitæ meæ*. Mais cette plainte, échappée à la nature, était aussitôt rétractée et corrigée par le *fiat* du jardin de Gethsémani : *Que votre volonté soit faite, ô mon père, et non la mienne!*

S'il parlait de ses infirmités, et même du terme inévitable et prochain où elles le traînaient, ce n'était presque jamais, sans égayer l'entretien par quelque saillie de bon goût, qui déridait forcément l'assistance.

La mort! il s'en parlait continuellement à lui-même, et se préparait de son mieux à recevoir sa visite. Parlons plus exactement, il se préparait de son mieux à comparaître devant le Souverain Juge. « Car, disait-il ingénument, ce n'est point la mort qui me fait peur, ce sont les trois pas qui suivent ». Ses affaires temporelles étaient depuis longtemps réglées, vu qu'il n'en avait pas. Quant à son âme, il travaillait à la purifier chaque jour davantage, à la purifier dans la prière, dans la confession fréquente, dans la communion quotidienne, et surtout dans l'amour de Dieu en Jésus-Christ, amour qui est tout le christianisme.

Tout cela, le bon vieillard le faisait avec calme, sans agitation, sans secousse, et comme en laissant aller sa barque au fil de l'eau.

Un certain jour, il y a de cela quelques mois, un prêtre s'en vint frapper, un peu avant midi, à la porte du presbytère. Ce prêtre, ancien titulaire d'une chaire de théologie, dans une Sorbonne de province, M. le Curé l'avait vu petit enfant, et il le traitait sur le pied d'une familiarité paternelle. Aussitôt, sans pourparlers préliminaires, le visiteur est introduit auprès du cher patient, qu'il trouve assis entre ses deux béquilles, et tranquillement occupé à réciter le chapelet.

Il est reçu à bras ouverts; et, comme on ne s'était pas vu depuis longtemps, le bon curé s'empresse de donner des ordres pour que le menu du dîner lui-même témoigne de la joie que cette visite lui cause. Le dîner servi, on se met à table; M. le Curé fait à son hôte les honneurs du repas avec la meilleure grâce du monde. Jamais l'esprit du maître de la maison n'avait paru plus exempt de préoccupation tant soit peu pénible, ni son front plus exempt de nuages. Or, voici qu'au moment du dessert, s'adressant à celui qu'il honorait d'une affection de père : « Mon ami, lui dit-il en souriant, tu apprendras bientôt que j'ai déménagé pour m'en aller trouver le bon Dieu, car, ajouta-t-il, je dois te dire que, ce matin, j'ai reçu l'extrême-onction ».

La chose était vraie; le matin même, à la suite d'une syncope, M. le Curé avait demandé et reçu le sacrement du suprême combat.

C'est avec cette tranquille possession de lui-même qu'il s'apprêtait à traverser le redoutable détroit qui sépare le temps de l'éternité.

La mort, cependant, devait se faire encore attendre. Elle laissa au vénéré Nestor des curés de notre diocèse le temps de franchir le seuil de sa quatre-vingt-dixième année. Quelqu'un voulut alors le féliciter d'être parvenu à cet âge exceptionnel. Il sourit gracieusement à la personne qui lui faisait ce compliment; mais quant au compliment lui-même, il y répondit par quelques mots qui étaient la traduction de ce passage de saint Augustin : *Quid est diû vivere nisi diû torqueri? quid est diù vivere quam malos dies malis diebus addere?* (1) Qu'est-ce que vivre longtemps, si ce n'est être longtemps torturé; si ce n'est ajouter à des jours mauvais d'autres mauvais jours?

Les jours devinrent bientôt pour lui tellement mauvais, que sa patience seule était capable d'en égaler l'inclémence cruelle. Mais plus l'épreuve devenait intolérable, plus la victime se rendait agréable à Dieu par la ferveur de ses oraisons, par l'ardeur des soupirs qu'elle adressait du côté du Ciel.

L'heure de l'agonie, c'est-à-dire de la délivrance, s'annonça enfin. C'était dans la nuit de samedi dernier. Un accablement profond ressenti par le malade l'avertit de la gravité de son état. « Je m'en vais, dit-il au serviteur dévoué qui le veillait, je m'en vais; ce n'est pas trop tôt, ajouta-t-il en gémissant. Quel tracas je donne, moi qui ai toujours demandé au bon Dieu de n'être à charge à personne! »

Le soleil du dimanche se leva, dernier soleil que ses yeux devaient contempler sur la terre. Si grande était la fatigue que la nuit lui avait laissée, qu'à peine pouvait-il articuler quelques syllabes.

(1) Serm. 84.

Plusieurs fois le long du jour, ses lèvres décolorées et livides murmurèrent des bouts de phrase comme ceux-ci : C'est fini. *Deo gratias !* Jésus, Marie, Joseph ! O mon Dieu, je vous aime, ayez pitié de moi !

Dans l'après-midi, il demanda à son vicaire une dernière absolution. Puis, il se fit réciter les prières des agonisants par ce jeune Cyrénéen, qui mettait tout son cœur à lui adoucir la montée des derniers escarpements du Calvaire.

Les prières des agonisants terminées, il appela par signe près de son chevet le prêtre qui venait de les réciter au milieu de ses larmes, et là, avec le souffle plutôt qu'avec la voix, le vénérable agonisant lui fit entendre péniblement ces mots entrecoupés : Demandez pardon pour moi à tous ceux de mes paroissiens que j'aurais pu contrister sans le savoir. Pardonnez-moi vous-même les ennuis involontaires que j'aurais pu vous causer. Priez pour moi.

Pendant un petit quart d'heure, le cœur continua de battre, mais en s'affaiblissant de plus en plus. Au bout de ce temps, l'agonie s'acheva dans un dernier soupir qui fut encore un acte d'amour de Dieu.

C'était dans la soirée du dimanche, et ce dimanche était celui que la langue chrétienne appelle le dimanche du bon Pasteur !

Pardonnez-moi, mes Frères, la longueur de ce discours.

En vous parlant tour à tour des souvenirs personnels que l'abbé Alexis Ferran apportait ici, le jour de son arrivée, il y a soixante-deux ans, — des souvenirs publics qu'il laisse dans la paroisse de Captieux, à la fin de sa longue carrière, — du souvenir universel que sa vie lègue à notre archidiocèse, je me suis appliqué non à faire l'éloge, mais seulement à esquisser le portrait de ce suave modèle des curés de nos landes.

Pourquoi faut-il que je n'aie pas su le peindre tel qu'il reste gravé dans mon cœur?

Quoi qu'il en soit de l'insuccès de mes efforts, laissez-moi répéter en finissant les paroles qui m'ont servi de texte : *Ulula abies, quia cecidit cedrus.* Gémissez, pins de nos forêts, parce que l'antique cèdre qui était votre roi a fini par tomber. Gémissez, parce qu'il jonche de sa ramure brisée le sol qu'il couvrait de son ombre tutélaire, et où, beaucoup mieux que les chênes mythologiques, chantés autrefois par les poètes, il rendait des oracles que l'on n'entendra plus.

Et toi, diocèse de Bordeaux, associe tes gémissements à ceux de nos vertes forêts, car dans la mort du curé de Captieux, ce n'est pas seulement un de tes meilleurs prêtres qui s'en va, c'est toute une race sacerdotale qui disparaît, race d'élite dont notre génération n'a connu que quelques représentants, parmi lesquels il fut le plus attardé.

Au temps de cette vieille bonne France, à laquelle il appartenait, sinon par la date de sa naissance, du moins par ses vertus, par ses goûts, par ses habitudes, au temps de la vieille France, les prêtres étaient, de plein droit, enterrés dans l'église qu'ils avaient desservie. Nos lois modernes ont jugé urgent d'abolir cette louable coutume d'une époque où le respect avait, dans les mœurs publiques, plus de place qu'il n'en occupe aujourd'hui.

Donc, Fidèles de Captieux, puisqu'il vous est défendu d'ensevelir votre pasteur près de l'autel où, si longtemps, il offrit pour vous le divin sacrifice, prenez son cercueil sur vos épaules, et portez-le, là-bas, dans le sable du cimetière commun.

O chère et sainte dépouille du prêtre qui jadis, par son seul aspect, révéla pour la première fois à l'ingénuité de mon enfance la beauté du sacerdoce, reçois mes suprêmes adieux.

Restes sacrés du tabernacle de chair qu'habita la sainte âme du curé de Captieux, une sépulture modeste comme sa vie vous attend au champ des morts. Allez-y dormir en paix jusqu'au jour de la résurrection.

Ce jour-là, cette pauvre soutane dont vous êtes aujourd'hui revêtus sera changée en pourpre brillante. Il en jaillira des rayons qui suffiront pour illuminer tous les horizons de la lande d'alentour, étonnée de tant de gloire.

AMEN.

Bordeaux. — Imp. générale d'Ém. Crugy, rue et hôtel St-Siméon, 16.
Successeur : Mme veuve RIFFAUD, née CRUGY.

www.ingramcontent.com/pod-product-compliance
Ingram Content Group UK Ltd.
Pitfield, Milton Keynes, MK11 3LW, UK
UKHW021041180726
13838UKWH00004B/1936